目　录

Contents

zài zhōng wén xué xiào

1. 在 中 文 学 校

Lesson 1 At a Chinese School

xīng qī yī

星期一

Monday

xiě yi xiě

1. 写一写 (Learn to write.)

在						
教						
汉						
语						
写						
字						

shǔ bǐ huà tián kòng

2. 数笔画，填 空 (Count the strokes and fill in the blanks.)

(1) “在”一共有____画，第二画是____。

(2) “教”一共有____画，第六画是____。

(3) “写”一共有____画，第四画是____。

(4) “画”一共有____画，第七画是____。

3. 照例子改错别字 (Find out and correct the wrong characters after the model.)

zhào lì zi gǎi cuò bié zì

例(lì)：左右

左

在学校 ________

写汉字 ________

老师教我们汉语。 ________

我受画画儿。 ________

4. 比一比，再组词语 (Compare and form phrases.)

bǐ yi bǐ zài zǔ cí yǔ

{语____ 说____}　{学____ 字____}　{汉____ 欢____}

{写____ 雪____ 学____}　{在____ 石____ 右____}

5. 选词语填空 (Choose the right words to fill in the blanks.)

xuǎn cí yǔ tián kòng

教　写　在　读　画　说

(1) 老师____学校____我们____汉字。

(2) 妈妈____家____我____儿歌。

(3) 爷爷____花园____我____画儿。

(4) 爸爸____家____方方____汉语。

中　文

（修订版）

第二册　练习册 Ⓐ

中国暨南大学华文学院　编

暨南大学出版社
中国·广州

6. 读一读 (Read aloud.)

dú yi dú

在家　　在学校　　在花园

我在家写字。　云云在学校学汉语。　方方在花园画画儿。

老师教我们。　爷爷教我们。　爸爸教我们。

老师教我们写汉字。　奶奶教我们读儿歌。

妈妈教我们说汉语。

星期二

xīng qī èr

Tuesday

1. 写一写 (Learn to write.)

xiě yi xiě

语

写

字

读

歌

画

zhào lì zi tián kòng

2. 照例子填空 (Fill in the blanks after the model.)

lì

例："丿"是"在"的第 二 画。

(1) "讠"是"语"的第____画。

(2) "冖"是"写"的第____画。

(3) "亅"是"字"的第____画。

(4) "㇇"是"欢"的第____画。

zhào lì zi xiě hàn zì

3. 照例子写汉字 (Combine two parts to make characters after the model.)

lì

例：木 + 交 → 校

氵 + 又 → ____

讠 + 吾 → ____

宀 + 子 → ____

讠 + 卖 → ____

哥 + 欠 → ____

zhào lì zi lián yi lián zǔ cí yǔ

4. 照例子连一连，组词语 (Link and form phrases after the model.)

草　　汉　　喜　　画

字　　画儿　　地　　欢

草地

dú yi dú

5. 读一读 (Read aloud.)

汉语　　汉字　　中文

学汉语　　说汉语　　学汉字　　写汉字

我在中文学校学汉语。　　云云在学校画画儿。

冬冬在家读儿歌。

我在家写汉字。　　我在学校说汉语。

我在花园里画画儿。

zhào lì zi kàn tú wán chéng jù zi

6. 照例子看图完成句子 (Complete the sentence for each picture after the model.)

lì

例：

我们在学校学汉语。

(1)

小马在家________。

(2)

小羊在花园________。

(3)

小牛在学校________。

xīng qī sān
星期三
Wednesday

xiě yi xiě
1. 写一写 (Learn to write.)

read 读
song 歌
Draw 画
Like 喜
欢

zhào lì zi zǔ cí yǔ
2. 照例子组词语 (Form phrases after the model.)

lì
例：（汉）字

（汉）语　　（中）文　　（喜）欢

学（校）　　写（字）

zhào lì　zi lián yi lián　xiě hàn zì

3. 照例子连一连，写汉字 (Link and write after the model.)

孝　讠　哥　讠　氵

又　吾　卖　欠　攵

____　____　读　____　____

zhào lì　zi dú yi dú　zài zǔ cí yǔ

4. 照例子读一读，再组词语 (Read and form phrases after the model.)

lì

例：
欢 喜欢
黄 黄花

画 ____	字 ____	语 ____	喜 ____
花 ____	子 ____	鱼 ____	西 ____

dú yi dú

5. 读一读 (Read aloud.)

我画画儿。　我在画画儿。　我学画画儿。

方方写汉字。　方方在写汉字。　方方学写汉字。

冬冬说汉语。　冬冬在说汉语。　冬冬学说汉语。

zhào lì zi lián cí chéng jù

6. 照例子连词成句 (Put the given words in the correct order to make sentences after the model.)

lì

例：我　学　学校　在　汉语

　　我在学校学汉语。

(1) 爸爸　写　家　在　汉字

____

(2) 方方　画儿　在　花园里　画

____

(3) 学校　老师　在　汉语　教

____

xīng qī sì

星期四
Thursday

xiě yi xiě

1. 写一写 (Learn to write.)

在

教

写

喜

欢

shǔ bǐ huà　tián kòng
2. 数笔画，填空 (Count the strokes and fill in the blanks.)

(1) “喜”一共有____画，第五画是____，第九画是____。

(2) “欢”一共有____画，左边是____，右边是____。

(3) “教”一共有____画，左边是____，右边是____。

(4) “字”一共有____画，上边是____，下边是____。

(5) “写”一共有____画，上边是____，下边是____。

zhào lì zi gǎi cuò bié zì
3. 照例子改错别字 (Correct the wrong characters after the model.)

lì
例：在

在

喜　　欢　　汉　　语

____　____　____　____

zhào lì zi kàn tú wán chéng jù zi
4. 照例子看图完成句子 (Complete the sentence for each picture after the model.)

lì
例：

我<u>喜欢学中文</u>。

(1)

方方__________。

(2)

云云________________。

zhào lì zi lián cí chéng jù

5. 照例子连词成句 (Put the given words in the correct order to make sentences after the model.)

lì

例：坐　我　学校　去　车

　　我坐车去学校。

(1) 教　说　老师　汉语　我们

____

(2) 学校　冬冬　汉字　在　写

____

(3) 画　云云　喜欢　画儿

____

dú yi dú

6. 读一读 (Read aloud.)

喜欢　　喜欢妈妈　　喜欢小鸟　　喜欢春天

喜欢画画儿　　喜欢上学

我喜欢小羊。　我喜欢说汉语。

xīng qī wǔ
星期五
Friday

xiě yi xiě
1. 写一写 (Learn to write.)

在

汉

字

读

歌

画

喜

欢

2. 照例子写出带有下列偏旁部首的字 (Write characters with the given radicals below after the model.)

zhào lì zi xiě chū dài yǒu xià liè piān páng bù shǒu de zì

lì

例：木：校

文：______ 冖：______ 冫：______

欠：______ 又：______ 讠：______

士：______ 宀：______

3. 照例子连一连，组词语 (link and form phrases after the model.)

zhào lì zi lián yi lián zǔ cí yǔ

在	画儿	画画儿
写	儿歌	______
读	学校	______
画	汉字	______

4. 选词语填空 (Choose the right words to fill in the blanks.)

xuǎn cí yǔ tián kòng

在　教　喜欢　写　读

(1) 我______中文学校学习。

(2) 老师______我们说中文。

(3) 我______去公（gōng）园。

(4) 云云______家______儿歌。

(5) 冬冬______学校______汉字。

zhào lì zi kàn tú wán chéng jù zi
5. 照例子看图完成句子 (Complete the sentences according to the picture after the model.)

lì
例：羊妈妈在<u>开门</u>。

小鸟在______。

小牛在______。

小羊在______。

bǎ kè wén dú gěi bà ba mā ma tīng ràng tā men píng ping fēn
6. 把课文读给爸爸妈妈听，让他们评评分
(Read the text aloud to your parents and ask them to grade your performance.)

评　分	家长签名

fàng xué le

3. 放学了

Lesson 3 Class Is Over

xīng qī yī
星期一
Monday

xiě yi xiě

1. 写一写 (Learn to write.)

放

今

星

期

告

诉

xiǎng yi xiǎng tián kòng

2. 想一想，填空 (Think about and fill in the blanks.)

(1) “放”的左边是______，右边是______。

(2) “期”的左边是______，右边是______。

(3) “星”的上边是______，下边是______。

(4) “诉”的左边是______，右边是______。

(5) “听”的左边是______，右边是______。

(6) “问”的外边是______，里边是______。

3. 把下面的字写完整 (Complete the following characters.)

bǎ xià mian de zì xiě wán zhěng

放　今　星　期　诉

4. 比一比，再组词语 (Compare and form phrases.)

bǐ yi bǐ　zài zǔ cí yǔ

方______　说______　星______

放______　诉______　心______

教______　语______　新______

5. 照例子连词成句 (Put the given words in the correct order to make sentences after the model.)

zhào lì zi lián cí chéng jù

例：的　他　我　是　老师

他是我的老师。

(1) 好　这　朋友　是　我的

______

(2) 那　同学　的　是　我

______

(3) 的　是　这　方方　书

______

(4) 谁　他　是

______

6. 读一读 dú yi dú (Read aloud.)

放心　放学　放手

告诉　告诉我　告诉妈妈　告诉老师

今天　今天上午　今天中午　今天下午

小星星　天上有星星　天上的星星真好看。

1. 写一写 xiě yi xiě (Learn to write.)

期

告

诉

午

朋

友

zhào lì zi xiě chū dài yǒu xià liè piān páng bù shǒu de zì

2. 照例子写出带有下列偏旁部首的字 (Write characters with the given radicals below after the model.)

lì

例：亻：你 他 们

口：

日：

月：

讠：

攵：

门：

bǐ yi bǐ zài zǔ cí yǔ

3. 比一比，再组词语 (Compare and form phrases.)

{午 牛}　{有 友}　{朋 期}　{诉 听}

zhào lì zi gǎi cuò bié zì

4. 照例子改错别字 (Find out and correct the wrong characters after the model.)

lì

例： 放学

放

星期一　告祈　下牛　朋有

zhào lì zi kàn tú xiě jù zi

5. 照例子看图写句子 (Make a sentence for each picture after the model.)

lì

例：

星期一我去学校。

(1)

星期五

星其月五我学汉

(2)

星期六

星其六我画画儿

(3)

星期日

星其月日我花里花园

dú yi dú

6. 读一读 (Read aloud.)

上午我去学校。　　下午我去花园。

冬冬是我的好朋友。　云云是我的好朋友。　我有两个好朋友。

前天星期三。　今天星期五。　后天星期六。

xīng qī sān
星期三
Wednesday

xiě yi xiě
1. 写一写 (Learn to write.)

午

朋

友

问

谁

听

心

2. 照例子连一连，写汉字 (link and write after the model.)

zhào lì zi lián yi lián xiě hàn zì

日 讠 门 其 方 日

隹 攵 斤 生 口 月

___ ___ ___ ___ 问 ___

3. 照例子连一连，组词语 (link and form phrases after the model.)

zhào lì zi lián yi lián zǔ cí yǔ

热 朋 放 下 今 告

天 闹 诉 友 学 午

___ 热闹 ___ ___ ___ ___

4. 看图完成句子 (Complete the sentences according to the pictures.)

kàn tú wán chéng jù zi

(1)

我____爸爸：“这是我们的车吗？”

(2)

方方：他是______？

云云：他是冬冬。

(3)

冬冬：今天是星期一？

老师：______。今天是______。

kàn tú wán chéng duì huà

5. 看图完成对话 (Complete the dialogue according to the picture.)

冬冬：______是谁？______朋友吗？

方方：是的，______是云云。

dú yi dú

6. 读一读 (Read aloud.)

问一问　问谁　问老师

听见　听说　听歌　听中文歌　喜欢听中文歌

告诉我　告诉爸爸　告诉老师

我的朋友　我的好朋友

谁是她的朋友？　谁是他的老师？

xīng qī sì
星期四
Thursday

xiě yi xiě
1. 写一写 (Learn to write.)

放
今
星
问
谁
听
心

shǔ bǐ huà tián kòng
2. 数笔画，填 空 (Count the strokes and fill in the blanks.)

(1) “问”一共有____画，第三画是____。

(2) “谁”一共有____画，第七画是____。

(3) “听”一共有____画，第四画是____。

(4) “心”一共有____画，第二画是____。

bǐ yi bǐ　zài zǔ cí yǔ

3. 比一比，再组词语 (Compare and form phrases.)

{问 / 门　　{听 / 诉　　{放 / 欢　　{友 / 爱

zhào lì zi lián cí chéng jù

4. 照例子连词成句 (Put the given words in the correct order to make sentences after the model.)

lì

例：开心　我　真

我真开心。

(1) 谁　本子　是　的　那

(2) 朋友　开心　小　真

(3) 谁　人　那　个　是

(4) 听　喜欢　同学们　中文歌

dú yi dú

5. 读一读 (Read aloud.)

谁的书　　谁的车　　谁的本子　　谁的笔

这是谁的书？　　这是谁的车？　　这是谁的本子？

这是谁的笔？　　这是你的书吗？　　那是他的笔吗？

开心　　真开心　　小朋友们真开心。　　同学们真开心。

dú kè wén tián kòng

6. 读课文，填空 (Fill in the blanks according to the text.)

今天___五，___学了，爸爸___车上___我："下午有一个小___来我们家。"我___："他是___？"爸爸说："是云云。"云云是我___好朋友，我___了，真___。

bǎ xià mian de zì xiě wán zhěng

1. 把下面的字写完整 (Complete the following characters.)

方 今 星 期 告 诉 谁 友

zhào lì zi xiě yi xiě

2. 照例子写一写 (Fill in the blanks after the model.)

lì

例：月 + 阝 → 那

___ + 攵 → 放

日 + 生 → ___

其 + ___ → 期

口 + 斤 → ___

生 + 口 → ___

讠 + 斥 → ___

门 + 口 → ___

zhào lì zi lián yi lián zǔ cí yǔ
3. 照例子连一连，组词语 (Link and form phrases after the model.)

星	放	告	下	朋	开
午	心	学	友	诉	期
____	开心	____	____	____	____

xuǎn zì tián kòng
4. 选字填空 (Choose the right characters to fill in the blanks.)

(1) 方 放

____学了，我坐校车。

东南西北，四个____向。

(2) 友 有

他是我的好朋____。

我____两本书。

(3) 心 新

我真开____。

____年到了。

(4) 五 午

上____云云来我们家。

____个同学去花园。

zhào lì zi kàn tú yòng tā tā shì shéi tí wèn bìng huí dá

5. 照例子看图 用“他/她是谁”提问并回答 (Ask questions with “他/她是谁” and answer them according to each picture after the model.)

lì

例：方方：他是谁？

云云：他是我爸爸。

(1) 云云：________？

方方：________。

(2) 方方：________？

云云：________。

(3) 方方：________？

云云：________。

kàn tú xuǎn cí yǔ tián kòng

6. 看图，选词语填空 (Choose one suitable word to fill in each blank according to the picture.)

问　开心　谁　和　星期　朋友　放　她

____一____学后，冬冬____我去见一个新____。我____：“她是____？”冬冬说：“____是方方。”我们在方方家看她家的小鸟，真____！

bǎ kè wén dú gěi bà ba mā ma tīng ràng tā men píng ping fēn

7. 把课文读给爸爸妈妈听，让他们评评分

(Read the text aloud to your parents and ask them to grade your performance.)

评　分	家长签名

mǎi dōng xi

5. 买东西

Lesson 5 Go Shopping

xīng qī yī
星期一
Monday

xiě yi xiě
1. 写一写 (Learn to write.)

买

岁

昨

给

蛋

包

2. 照例子写汉字 (Combine two parts to make characters after the model.)

zhào lì zi xiě hàn zì

lì

例：其 + 月 → 期

山 + 夕 → ______

日 + 乍 → ______

乛 + 头 → ______

纟 + 合 → ______

女 + 且 → ______

弓 + 长 → ______

3. 读一读，再组词语 (Read and form phrases.)

dú yi dú zài zǔ cí yǔ

{岁 ______ 谁 ______}

{昨 ______ 做 ______}

{买 ______ 没 ______}

{玩 ______ 外 ______}

4. 读一读 (Read aloud.)

dú yi dú

岁月　　六岁　　我六岁了。

昨天　　昨日　　昨天晚上

买东西　买书　买笔　买本子　买面包　买蛋糕 (gāo)

给妈妈买东西　给哥哥买书　给姐姐买笔　给我买本子

5. 连词成句 (Put the given words in the correct order to make sentences.)

lián cí chéng jù

(1) 的　生日　今天　谁　是

____

(2) 去　妈妈　买　东西

(3) 哥哥　书　爸爸　买　明天　和　去

(4) 买　去　他们　面包

(5) 我们　生日　歌　唱　一起

6. 读课文，判断句子，对的打"√"，错的打"×"

dú kè wén pàn duàn jù zi duì de dǎ cuò de dǎ

(Judge the correctness of the sentences below with "√" on each right sentence and "×" on each wrong sentence according to the text.)

(1) 昨天是我爸爸的生日。　(　)

(2) 今年我七岁了。　(　)

(3) 昨天，我们一家去买东西。　(　)

(4) 妈妈给我买了笔、面包和牛奶。　(　)

星期二

xīng qī èr

Tuesday

1. 写一写 (Learn to write.)

xiě yi xiě

蛋

包

果

玩						
具						
哥						
姐						

shǔ bǐ huà tián kòng

2. 数笔画，填空 (Count the strokes and fill in the blanks.)

(1) “包”一共有____画，第三画是____。

(2) “果”一共有____画，第七画是____。

(3) “具”一共有____画，第七画是____。

(4) “姐”一共有____画，第三画是____。

(5) “唱”一共有____画，第五画是____。

kàn tú wán chéng jù zi

3. 看图，完成句子 (Complete the sentences according to the pictures below.)

妈妈买了________。

哥哥买了________。

爸爸买了________。

姐姐买了________。

我买了<u>玩具</u>。　　　　方方买了<u>蛋糕</u>。

zhào lì　zi lián yi lián　xiě hàn zì
4. 照例子连一连，写汉字 (Link and write after the model.)

勹　纟　山　可　王　子　口

夕　巴　合　亥　可　昌　元

岁　包　给　孩　哥　唱　玩

dú　yi　dú
5. 读一读 (Read aloud.)

面包　书包　大包　小包

玩具　文具　生日卡　一张卡　一张生日卡

妈妈买了牛奶。　妈妈给我买了牛奶。

爸爸买了笔。　　爸爸给我买了笔。

爷爷买了本子。　爷爷给我买了本子。

奶奶买了水果。　奶奶给我买了水果。

xiǎng yi xiǎng　xiě yi xiě
6. 想一想，写一写 (Think and answer the following question.)

我六岁生日，爸爸、妈妈、哥哥和姐姐给我买了什么？

____

xīng qī sān
星期三
Wednesday

xiě yi xiě
1. 写一写 (Learn to write.)

玩						
具						
哥						
姐						
张						
卡						
唱						

zhào lì zi lián cí chéng jù
2. 照例子连词成句 (Put the given words in the correct order to make sentences after the model.)

lì
例： 给 书 妈妈 一本 我 买了

妈妈给我买了一本书。

(1) 朋友　是　好　我的　方方

____

(2) 一张　买了　哥哥　给　生日卡　我

____

(3) 高兴　姐姐　我的　真　今天

____

(4) 一家　东西　买　我们　去

____

3. 读一读 (dú yi dú) (Read aloud.)

好玩儿　玩具　文具　生日卡　一张生日卡

买生日卡　买一张生日卡　唱歌　唱中文歌

哥哥　我的哥哥　我的哥哥真好。

姐姐　我的姐姐　我的姐姐真高兴。

4. 照例子改错别字 (zhào lì zi gǎi cuò bié zì) (Find and correct the wrong characters after the model.)

例(lì)：面抱

面包

玩具　　哥哥　　姐姐

______　______　______

作天　　一张生日卡

______　__________

牛奶

______

5. 看图，选字填空 (Choose the right characters to fill in the blanks according to the pictures.)

kàn tú xuǎn zì tián kòng

(1) 头　买

爸爸的____大，我的____小。

妈妈____了水果。

(2) 岁　多

我七____了。

我家的人____，云云家的人少。

(3) 具　真

我____高兴。

奶奶给我买了玩____。

(4) 早　　果

妈妈买了水____。

见了老师说："____上好。"

(5) 玩　　园

我家门前有一个小花____。

哥哥有一个____具。

zhào lì zi lián yi lián zǔ cí yǔ

6. 照例子连一连，组词语 (Link and form phrases after the model.)

玩　　书　　牛　　水　　生

包　　具　　日　　奶　　果

书包 ＿＿＿ ＿＿＿ ＿＿＿ ＿＿＿

xīng qī sì

星期四
Thursday

xiě yi xiě

1. 写一写 (Learn to write.)

买

岁

昨

张

卡

唱

shǔ bǐ huà tián kòng
2. 数笔画，填 空 (Count the strokes and fill in the blanks.)

(1) “姐”一共有____画，左边是____，右边是____。

(2) “张”一共有____画，左边是____，右边是____。

(3) “岁”一共有____画，上边是____，下边是____。

(4) “昨”一共有____画，左边是____，右边是____。

(5) “唱”一共有____画，左边是____，右边是____。

bǐ yi bǐ zài zǔ cí yǔ
3. 比一比，再组词语 (Compare and form phrases.)

{姐____ 好____}　{卡____ 上____}　{果____ 早____}

lián cí chéng jù
4. 连词 成 句 (Put the given words in the correct order to make sentences.)

(1) 本子　买了　哥哥　三个

____

(2) 一张　买了　姐姐　生日卡

____

(3) 和　面包　妈妈　牛奶　买了　水果

____

(4) 玩具　爸爸　和　书　买了

____

dú kè wén tián kòng
5. 读课文，填 空 (Fill in the blanks according to the text.)

今年我六____了，____是我的____，我们一家去____东西。妈妈给我买了____、面包、____和____。爸爸

____我____了笔、本子和我喜欢的______。____________给我买了____________。我们一起唱生日歌。这一天，我________。

zhào lì zi　zhǎo chū bù tóng lèi de cí　xiě zài　li

6. 照例子，找出不同类的词，写在（　）里 (Fill in each blank with the word which does not belong to its group and fill in the blanks.)

lì

例：面包　水果　牛奶　昨天　（昨天）

(1) 哥哥　牛奶　姐姐　奶奶　（　　）

(2) 书　玩具　买　本子　（　　）

(3) 笔　书　本子　水果　（　　）

wǎn

(4) 上午　上去　晚上　早上　（　　）

bǎ xià mian de zì xiě wán zhěng

1. 把下面的字写完整 (Complete the following characters.)

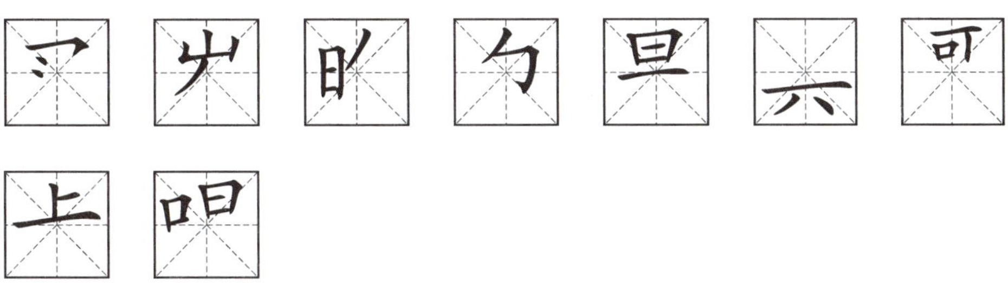

zhào lì zi lián yi lián xiě hàn zì

2. 照例子连一连，写汉字 (Link and write after the model.)

日　　其　　王　　弓　　门　　女

月　　且　　口　　元　　乍　　长

____　____　问　____　____　____

xuǎn zì tián kòng

3. 选字填空 (Choose the right characters to fill in the blanks.)

(1) 水　　岁

今年我七____了。

昨天，爸爸买了____果。

(2) 高　　哥

今天妈妈真____兴。

这是我的大____。

(3) 讲　　说

小鸟____："春天来了。"

lǐ mào

小朋友____礼貌。

(4) 昨　　坐

我____校车去学校。

____天是星期四。

zhào lì zi xiě chū dài yǒu xià liè piān páng bù shǒu de zì

4. 照例子写出带有下列偏旁部首的字 (Write characters with the given radicals below after the model.)

lì

例：亻：你　他　们

纟：____　____　____

女：____　____　____

讠：____ ____ ____

又：____ ____

日：____ ____

王：____

5. 读一读 (Read aloud.)

dú yi dú

爸爸给我买了新书包。

我和爸爸、妈妈去买东西。

姐姐买了水果和玩具。

哥哥买了面包和牛奶。

我买了笔和本子。

6. 照例子连一连，组词语 (Link and form phrases after the model.)

zhào lì zi lián yi lián zǔ cí yǔ

面　东　牛　水　喜　蛋

奶　包　果　糕(gāo)　西　欢

牛奶 ______ ______ ______ ______ ______

7. 把课文读给爸爸妈妈听，让他们评评分

bǎ kè wén dú gěi bà ba mā ma tīng ràng tā men píng ping fēn

(Read the text aloud to your parents and ask them to grade your performance.)

评 分	家长签名

rén yǒu liǎng jiàn bǎo

7. 人有两件宝

Lesson 7 Two Precious Organs of Man

xīng qī yī

星期一

Monday

xiě yi xiě

1. 写一写 (Learn to write.)

两

件

宝

双

脑

工

2. 想一想，填空 (Think about and fill in the blanks.)

xiǎng yi xiǎng tián kòng

(1) "件"的左边是____，右边是____。

(2) "脑"的左边是____，右边是____。

(3) "思"的上边是____，下边是____。

(4) "宝"的上边是____，下边是____。

(5) "作"的左边是____，右边是____。

(6) "得"的左边是____，右边是____。

3. 照例子连一连，写汉字 (Link and write character after the model.)

zhào lì zi lián yi lián xiě hàn zì

彳　月　田　宀　亻　耂

心　玉　丂　牛　㝵　𠫔

思 ____ ____ ____ ____ ____

4. 选词填空 (Choose the right words to fill in the blanks.)

xuǎn cí tián kòng

本　件　张　个

两____书　两____大衣　两____宝　两____事

两____房间　两____生日卡　两____人　三____汉字

zhào lì zi lián yi lián dú yi dú

5. 照例子连一连，读一读 (Link and read after the model.)

她有两本书。

老师有两张画儿。

我有两个朋友。

哥哥有两个玩具。

她有两个孩子。

我有一双手。

dú yi dú zài zǔ cí yǔ

6. 读一读，再组词语 (Read and form phrases.)

包	脑	思
宝	老	师
考	件	
告	见	

xīng qī èr

星期二

Tuesday

xiě yi xiě

1. 写一写 (Learn to write.)

双						
脑						
工						
思						
考						
作						

2. 比一比，再组词语 (Compare the characters of each group and form phrases.)

bǐ yi bǐ zài zǔ cí yǔ

{ 土______
{ 工______

{ 牛______
{ 件______

{ 心______
{ 思______

{ 欢______
{ 双______

3. 选字填空 (Choose the right characters to fill in the blanks.)

xuǎn zì tián kòng

(1) 我______不好这个工______。（作　做　坐）

(2) 我______校车去学校。（作　做　坐）

(3) 我看______房间里有______大衣。（件　见）

(4) 写汉字要用______和脑。（手　收）

(5) 我会______拾房间。（手　收）

(6) 花园里的花儿______大______好看。（有　又　友）

(7) 我______一个哥哥。（有　又　友）

4. 读一读 (Read aloud.)

dú yi dú

又高又大

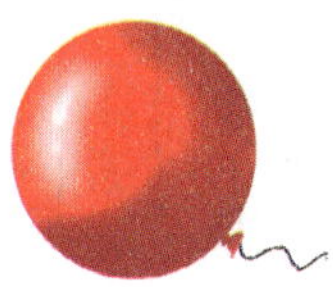

又红又大

又大又多

又好看又热闹

5. 猜字谜 (Riddles)

cāi zì mí

(1) 一个人站在牛旁边。______

(2) 田在心上。______

zhào lì zi lián yi lián zǔ cí yǔ

6. 照例子连一连，组词语 (Link and form phrases after the model.)

用耳	看书	________
用手	写字	________
用眼	思考	________
用脑	听	________

xiě yi xiě

1. 写一写 (Learn to write.)

思

考

作

万

又

得

两

2. 照例子填空 (Fill in the blanks after the model.)

zhào lì zi tián kòng

例：“㇆”是“两”的第__三__画。

(1) “一”是“宝”的第______画。

(2) “㇉”是“考”的第______画。

(3) “㇇”是“万”的第______画。

(4) “亅”是“得”的第______画。

3. 照例子改错别字 (Find out and correct the wrong characters after the model.)

zhào lì zi gǎi cuò bié zì

例：方事

万

工做　　大脑　　两仟事

写地好　　言欢　　告诉

4. 比一比，再组词语 (Compare and form phrases.)

bǐ yi bǐ zài zǔ cí yǔ

考______　同______　作______　两______

老______　用______　昨______　西______

5. 读一读 (Read aloud.)

dú yi dú

用　用笔　我用笔　我用笔写字。

用　用脑　大家用脑　大家用脑思考。

用　用手　工人用手　工人用手做工。

6. 照例子连词成句 (zhào lì zi lián cí chéng jù) (Put the given words in the correct order to make sentences after the model.)

例 (lì)：笔　我　用　写字

我用笔写字。

(1) 他　画　笔　画儿　用

(2) 脑　大家　思考　用

(3) 会　小房间　收拾　我

(4) 我们　校车　去　学校　坐

星期四 (xīng qī sì) Thursday

1. 写一写 (xiě yi xiě) (Learn to write.)

件

万

又

得

2. 照例子写一写 (zhào lì zi xiě yi xiě) (Write characters below in the stroke order after the model.)

例(lì)：一 → ナ → 十 → 冇 → 有 → 有

→万

→两

→考

→得

→件

3. 比一比，再组词语 (bǐ yi bǐ, zài zǔ cí yǔ) (Compare and form phrases.)

万	欢	宝
又	双	字
放	对	家

4. 照例子连一连，组词语 (zhào lì zi lián yi lián, zǔ cí yǔ) (Link and form phrases after the model.)

思　大　房　看　说　作

脑　话　业　考　间　书

房间

5. 读一读 (Read aloud.)

dú yi dú

写得好

画得好

做得好

chī wán
吃得完

写不好

画不好

做不好

chī wán
吃不完

会思考

会写汉字

会唱歌

会画画儿

会说汉语

会开车

zhào lì zi lián cí chéng jù

6. 照例子连词成句 (Put the given words in the correct order to make sentences after the model.)

lì

例：会　双手　做工

双手会做工。

(1) 妈妈　唱歌　会

____

(2) 开车　爸爸　会

____

(3) 汉字　会　写　哥哥

____

(4) 画　姐姐　会　小鸟

____

xīng qī wǔ

星期五

Friday

bǎ xià mian de zì xiě wán zhěng

1. 把下面的字写完整 (Complete the following characters.)

两　宇　脑　思　考　得

zhào lì zi xiě chū dài yǒu xià liè piān páng bù shǒu de zì

2. 照例子写出带有下列偏旁部首的字 (Write characters with the given radicals below after the model.)

lì

例：亻：你　他

宀：宝　家　字

又：双　叉　汉

讠：说　诉　诉

月：月　脑

心：心　思

彳：得

耂：考　老

xuǎn zì tián kòng

3. 选字填空 (Choose the right characters to fill in the blanks.)

(1) 件　见

piece 我有一件新大衣。

在学校见到同学说："你好！"

(2) 作　做

爸爸、妈妈天天工作。

我会做事。

(3) 又　右

我用右手写字。

用手又用脑，事事做得好。

(4) 双　个　本　张

xié

爸爸给我买了一双鞋。

今天方方吃了两个面包。

冬冬有一本书。

云云买了一张生日卡。

zhào lì zi lián yi lián zǔ cí yǔ

4. 照例子连一连，组词语 (Link and form phrases after the model.)

做　　思　　工　　大　　双

考　　脑　　手　　作　　事

思考　　大脑　　双手　　工作　　做事

dú kè wén tián kòng

5. 读课文，填空 (Fill in the blanks according to the text.)

人有两件宝，双手和大脑。

双手会做工，大脑会思考。

用手不用脑，工作做不好。

用脑不用手，万事做不到。

用手又用脑，事事做得好。

yì biān bèi sòng kè wén yì biān biǎo yǎn gěi bà ba mā ma kàn qǐng tā men píng píng fēn

6. 一边背诵课文，一边表演给爸爸妈妈看，请他们评评分 (Recite and perform the text to your parents and ask them to be your audiences and reviewers.)

评　分	家长签名

wèi shén me

9. 为什么

Lesson 9 Why

xīng qī yī

星期一

Monday

xiě yi xiě

1. 写一写 (Learn to write.)

时 夜 光 河 流 动

xiǎng yi xiǎng tián kòng

2. 想一想，填空 (Think about and fill in the blanks.)

(1) "时"的左边是____，右边是____。

(2) “河”的左边是____，右边是____。

(3) “流”的左边是____，右边是____。

(4) “动”的左边是____，右边是____。

(5) “想”的上边是____，下边是____。

bǐ yi bǐ zài zǔ cí yǔ

3. 比一比，再组词语 (Compare and form phrases.)

{光____ {时____ {河____
{兴____ {对____ {歌____
{长____ {衣____ {哥____
{张____ {夜____

zhào lì zi lián yi lián zǔ cí yǔ

4. 照例子连一连，组词语 (Link and form phrases after the model.)

黑 冬 光 河 什

水 天 么 夜 明

____ ____ ____ ____ ____

xuǎn cí yǔ tián kòng

5. 选词语填空 (Choose the right words to fill in the blanks.)

流 游 飞 想 走

(1) 河水会____动。

(2) 小鸟天上____。

(3) 小马地上____。

(4) 小鱼湖中____。

(5) 心里天天____。

6. 读一读 (Read aloud.)

dú yi dú

小河在哪里？
小河在东边。

妈妈在哪里？
妈妈在家里。

云云在哪里？
云云在车上。

学校在哪里？
学校在西边。

老师在哪里？
老师在学校里。

xīng qī èr
星期二
Tuesday

1. 写一写 (Learn to write.)

xiě yi xiě

河

流

动

湖

飞

游

2. 照例子写出带有下列偏旁部首的字

zhào lì zi xiě chū dài yǒu xià liè piān páng bù shǒu de zì

(Write characters with the given radicals below after the model.)

lì

例：又：对　欢

氵：　　　　日：

亠：　　　　心：

3. 读一读

dú yi dú

(Read aloud.)

光明　光亮　月光　阳光　星光　亮光

时间　小时　一小时　二十四个小时　两个小时　时光

黑夜　夜里　夜间

小河　河流　河水

流下来　流动

动手　动脑

4. 比一比，再组词语

bǐ yi bǐ　zài zǔ cí yǔ

(Compare and form phrases.)

云 / 动　　湖 / 游 / 流　　思 / 想　　时 / 昨

5. 照例子看图，完成对话

zhào lì zi kàn tú　wán chéng duì huà

(Complete the dialogue for each picture after the model.)

lì

例：

A：妈妈在哪里？

B：妈妈在家里。

(1)

A：老师在哪里?

B：老师在学校。

(2)

A：小鸟哪里?

B：小鸟在花丛(cóng)中。

(3)

A：小鱼哪里?

B：小鱼在水中。

(4)

A：小马在哪里？

B：小马在山上。

(5)

A：小羊在哪里？

B：小羊在花园。

6. 读儿歌 (Read the children's song.)

dú ér gē

春天在哪里？

春天在哪里呀？春天在哪里？
春天在那小朋友的眼睛里。
这里有红花呀，这里有绿草。
还有那会唱歌的小黄鹂（lí）。

星期三 Wednesday

xīng qī sān

1. 写一写 (Learn to write.)

xiě yi xiě

湖

飞

游

长

想

zhào lì zi tián kòng

照例子填空 (Fill in the blanks after the model.)

lì

例："亅"是"用"的第二画。

(1) "乚"是"光"的第____画。

(2) "㇇"是"夜"的第____画。

(3) "丿"是"长"的第____画。

(4) "乛"是"游"的第____画。

(5) "乚"是"流"的第____画。

zhào lì zi xiě yi xiě

3. 照例子写一写 (Fill in the blanks after the model.)

lì

例：⻊ + 艮 → 跟

____ + 寸 → 时

亠 + 亻 + 夂 → ____

氵 + ____ → 河

____ + 力 → 动

氵 + 胡 → ____

氵 + ____ + 子 → 游

相 + 心 → ____

dú yi dú

4. 读一读 (Read aloud.)

江河	太湖	水流出来了。	
小河	河水	河水在流动。	
时间	小时	一天有二十四个小时。	
月光	阳光	白天有阳光。	夜里有月光。

5. 照例子写汉字，再组词语 (Write characters and form phrases after the model.)

zhào lì zi xiě hàn zì zài zǔ cí yǔ

lì
例：思→ 田　田地

张→ 长　长大　　放→ 方　____

买→ 头　____　　歌→ 哥　____

河→ 可　____　　动→ 云　云力画

6. 回答问题 (Answer the following questions.)

huí dá wèn tí

(1) 你住的地方有什么湖？有什么河？（住 zhù）

答：____

(2) 天黑时天上有什么？

答：月亮和星星。

(3) 天亮时天上有什么？

答：太阳和云朵。

xīng qī sì
星期四
Thursday

xiě yi xiě
1. 写一写 (Learn to write.)

时	时	时	时	时	时	时
夜	夜	夜	夜	夜	夜	夜
光	光	光	光	光	光	光
长	长	长	长	长	长	长
想	想	想	想	想	想	想

zhào lì zi xiě chū xià liè zì de piān páng bù shǒu
2. 照例子写出下列字的偏旁部首 (Fill in the blanks with the radicals of characters below after the model.)

lì
例：都：阝

游：氵　动：云　夜：亠　远：辶

时：日　想：心　双：又　很：彳

dú yi dú

3. 读一读 (Read aloud.)

长高　　长大

想一想　　想家　　想爸爸妈妈　　想朋友

想去　　想去北京(jīng)　　想去北京(jīng)玩儿

飞来飞去　　在天上飞来飞去

游来游去　　在水中游来游去

小鸟天上飞。　　小鸟为什么会飞？

小鱼水中游。　　小鱼为什么会游泳(yǒng)？

小河山中流。　　小河为什么会流动？

dú yi dú　zài zǔ cí yǔ

4. 读一读，再组词语 (Read and form phrases.)

关 关门	流 流动	夜 夜里
光 光明	牛 牛奶	爷 爷爷
游 游动	动 动一动	飞 飞上天
友 朋友	冬 冬天	黑 黑夜

✓

zhào lì　zi lián　cí chéng jù

5. 照例子连词成句 (Put the given words in the correct order to make sentences after the model.)

例(lì)：为什么　中文　学　你

你为什么学中文？

(1) 学　为什么　他　画画儿

他为什么学画画儿？

(2) 学校　她　为什么　去

她为什么去学校？

✓

(3) 唱歌　姐姐　学　为什么

____

(4) 收拾　为什么　妈妈　房间

____

6. 看图，完成句子 (Complete the sentences according to the pictures below.)

kàn tú　wán chéng jù zi

(1)

鸟儿在________。

(2)

河水会________。

(3)

小鱼在________。

(4)

妈妈在________。

xīng qī wǔ
星期五
Friday

bǎ xiàmian de zì xiě wánzhěng
1. 把下面的字写完整 (Complete the following characters.)

光	早	流	湖	游	飞

zhào lì zi xiě chū dài yǒu xià liè piānpáng bù shǒu de zì
2. 照例子写出带有下列偏旁部首的字 (Write characters with the given radicals below after the model.)

lì
例：亻：作 做

氵：____ ____ ____ ____ ____

日：____ ____ ____ ____

心：____ ____

彳：____ ____

力：____

xuǎn zì tián kòng
3. 选字填空 (Choose the right characters to fill in the blanks.)

(1) 十 石 时

教室里有____五个同学。

地上有很多<u>石</u>头。

夏天<u>时</u>，冬天在哪里？

(2) 和　河

<u>河</u>水在流动。

我<u>和</u>爸爸、妈妈去花园。

(3) 游　流

鱼儿在水里<u>游</u>得多高兴！

河水会<u>流</u>动，湖水不会。

4. 读课文，判断句子，对的打"√"，错的打"×"

dú kè wén　pàn duàn jù zi　duì de dǎ　cuò de dǎ

(Judge the correctness of the sentences below with "√" on each right sentence and "×" on each wrong sentence according to the text.)

(1) 河水不会流动。　(×)

(2) 鸟儿不会在天上飞。　(×)

(3) 鱼儿会在水中游。　(√)

(4) 湖水会流动。　(×)

5. 连词成句 (Put the given words in the correct order to make sentences.)

lián cí chéng jù

(1) 河水　流动　会　为什么

为什么河水会流动？

(2) 会　在天上　鸟儿　为什么　飞

为什么鸟儿会在天上飞？

(3) 游　不在　鱼儿　天上

鱼儿不在天上游。

(4) 不　水中　鸟儿　在　飞

鸟儿不在水中飞。

(5) 玩具　哪里　在　我的

我的玩具在哪里？

(6) 他的　哪里　家　在

他的家在哪里？

huí dá wèn tí

6. 回答问题 (Answer the questions according to the actual situation.)

(1) 什么会在天上飞？

答：鸟儿

(2) 什么会在水中游？

答：鱼儿

(3) 什么水会流动？

答：河水

(4) 什么水不会流动？

答：湖水

bǎ kè wén bèi gěi bà ba mā ma tīng ràng tā men píng ping fēn

7. 把课文背给爸爸妈妈听，让他们评评分

(Recite the text aloud to your parents and ask them to grade your performance.)

评　分	家长签名

Good job!

2/29/2020

jiāng hé

11. 江 河

Lesson 11 Rivers

xīng qī yī

星期一

Monday

xiě yi xiě

1. 写一写 (Learn to write.)

江						
古						
国						
条						
它						
名						
叫						

2. 照例子写汉字 (Combine two parts to make characters after the model.)

zhào lì zi xiě hàn zì

lì

例：禾 + 中 → 种

氵 + 工 → 江　　十 + 口 → 古　　口 + 玉 → 国　　口 + 丩 → 叫

夂 + 朩 → 条　　宀 + 匕 → 它　　夕 + 口 → 名

3. 比一比，再组词语 (Compare and form phrases.)

bǐ yi bǐ zài zǔ cí yǔ

{工 ____ / 江 江水}　　{告 ____ / 古 古老}　　{园 ____ / 国 中国}

{条 ____ / 冬 ____}　　{名 名字 / 多 ____}

4. 读一读 (Read aloud.)

dú yi dú

江河　长江　江水　大江

古老　国家　中国　古老的中国　古老的国家

黄河　大河　小河　河流　河水

名字　他的名字　她的名字　老师的名字　我朋友的名字

cāi zì mí

5. 猜字谜 (Riddles)

(1) “十”字“口”上坐。古

(2) “玉”在“口”中坐。国

(3) “元”在“口”中坐。园

(4) 两人在一起，一个在左，一个在右。____

zhào lì zi lián cí chéng jù

6. 照例子连词成句 (Put the given words in the correct order to make sentences after the model.)

lì

例：的　名字　我　方方　叫

我的名字叫方方。

(1) 的　哥哥　叫　冬冬　名字

哥哥的名字叫冬冬。

(2) 叫　姐姐　名字　的　云云

姐姐的名字叫云云。

(3) 名字　黄华　老师　的　叫

黄华的名字叫老师。

(4) 亮亮　名字　的　我　朋友　叫

我的名字叫朋友亮亮。

xīng qī èr
星期二
Tuesday

xiě yi xiě
1. 写一写 (Learn to write.)

条	条	条	条	条	条	条
它	它	它	它	它	它	它
名	名	名	名	名	名	名
叫	叫	叫	叫	叫	叫	叫
长	长	长	长	长	长	长
最	最	最	最	最	最	最
母	母	母	母	母	母	母
亲	亲	亲	亲	亲	亲	亲

2. 数笔画，填空 (Count the strokes and fill in the blanks.)

shǔ bǐ huà tián kòng

(1) “右”一共有______画，第四画是______。

(2) “名”一共有______画，第五画是______。

(3) “亲”一共有______画，第七画是______。

(4) “最”一共有______画，第十一画是______。

(5) “着”一共有______画，第六画是______。

(6) “母”一共有______画，第二画是______。

3. 照例子加一画，成为另外一个字 (Add one stroke to each character below to make a new character after the model.)

zhào lì zi jiā yí huà chéng wéi lìng wài yí ge zì

例(lì)：木 → 本

(1) 日 → ______　　(2) 口 → ______

(3) 月 → ______　　(4) 大 → ______

(5) 十 → ______

4. 选词填空 (Choose the right words to fill in the blanks.)

xuǎn cí tián kòng

条　双　件　本　个

一______鱼　　两______大衣　　一______小手

五______星期　　四______书　　七______国家

一______小河　　两______事　　三______好朋友

5. 读一读 (Read aloud.)

dú yi dú

最长的河　最大的湖

最小的鸟儿　最多的鱼　最远的星星

最好看　最开心　最热闹　最古老　最高兴

这是最长的河。

这是最大的河。

那是最小的鸟儿。

那是最远的星星。

6. 连词成句 (Put the given words in the correct order to make sentences.)

lián cí chéng jù

(1) 的　山　最高　是　东面

____

(2) 我　家　的　最　爱　我

____

(3) 是　长江　长　最　的　河　中国

____

(4) 远　是　最　的　星星

____

xīng qī sān
星期三
Wednesday

xiě yi xiě
1. 写一写 (Learn to write.)

长

最

母

亲

从

着

华

zhào lì zi xiě chū xià liè zì de piān páng bù shǒu

2. 照例子写出下列字的偏旁部首 (Fill in the blanks with the radicals of characters below after the model.)

lì
例：种：禾

江：____ 国：____ 条：____ 它：____

名：____ 叫：____ 最：____

zhào lì zi xiě yi xiě

3. 照例子写一写 (Write characters below by stroke order after the model.)

lì
例：丨 → 𠃍 → 口 → 口ㄱ → 口コ → 口コ → 吧

____ → ____ → ____ → ____ → 古

____ → ____ → ____ → ____ → ____ → ____ → ____ → 国

____ → ____ → ____ → ____ → ____ → 名

____ → ____ → ____ → ____ → 母

____ → ____ → ____ → ____ → ____ → ____ → ____ → ____

→ ____ → ____ → 着

____ → ____ → ____ → ____ → ____ → ____ → 条

____ → ____ → ____ → 长

dú yi dú

4. 读一读 (Read aloud.)

从西流到东　从北开到南

从左写到右　从上看到下

从东走到西　从南飞到北

从今天到明天　从上午到下午

从星期一到星期五　从七月到十二月

长江从西流到东。

汉字从左写到右。

小鸟从南飞到北。

火车从北开到南。

zhào lì zi xiě hàn zì zài zǔ cí yǔ

5. 照例子写汉字，再组词语 (Combine two parts to make characters and form phrases after the model.)

lì

例：氵 + 工 → 江 江河

十 + 口 → ____ ____

口 + 玉 → ____ ____

云 + 力 → ____ ____

月 + 卤 → ____ ____

田 + 心 → ____ ____

日 + 乍 → ____ ____

zhào lì zi kàn tú wán chéng jù zi

6. 照例子看图完 成 句子 (Complete the sentences according to the pictures below after the model.)

lì

例：

我从西走到东。

(1)

方方从左走到右。

(2)

小鸟从南走至北。

(3)

长江从西走至东。

(4)

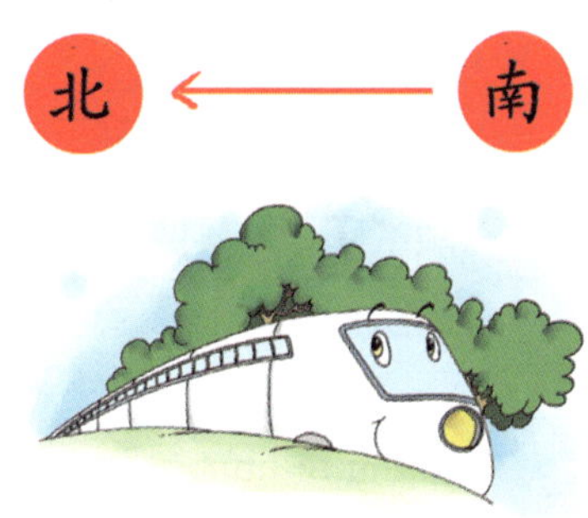

火车从南走至北。

xīng qī sì
星期四
Thursday

xiě yi xiě
1. 写一写 (Learn to write.)

江						
古						
国						
从						
着						
华						

shǔ bǐ huà tián kòng
2. 数笔画，填空 (Count the strokes and fill in the blanks.)

(1) “华”一共有_6_画，上边是______，下边是______。

(2) “江”一共有_6_画，左边是______，右边是______。

(3) “条”一共有 7 画，上边是____，下边是____。

(4) “叫”一共有 5 画，左边是____，右边是____。

(5) “它”一共有 5 画，上边是____，下边是____。

zhào lì zi lián yi lián zǔ cí yǔ

3. 照例子连一连，组词语 (Link and form phrases after the model.)

长　　古　　名　　母　　它　　中

字　　亲　　江　　国　　老　　们

____　____　长江　中国　____　____

xuǎn cí yǔ tián kòng

4. 选词语填空 (Choose the right words to fill in the blanks.)

开心　热闹　好看　好听　古老

(1) 花园里花儿开，花儿开了真好看。

(2) 古老的中国有一条河，它的名字叫黄河。

(3) 开学了，学校真开心。

(4) 今天是我的生日，妈妈给我买了我喜欢的玩具，我真热闹

(5) 我妈妈唱歌唱得很好听。

zhào lì zi lián cí chéng jù

5. 照例子连词成句 (Put the given words in the correct order to make sentences after the model.)

lì

例：到西　从东　我　走

我从东走到西。

(1) 长江　流　到东　从西

长江从西流到东

(2) 从南 小鸟 到北 飞

小鸟从南到北飞

(3) 开 火车 到南 从北

到从北开火

(4) 到右 方方 从左 写

方方从左写到右

6. 读儿歌 (Read the children's song.)

dú ér gē

弯弯的月儿

wān wān

wānwān　　chuán

弯弯的月儿，小小的船，

chuán　　jiān

小小的船儿两头尖，

chuán

我在小小的船里坐，

只看见，

shǎn shǎn

闪闪的星星，蓝蓝的天。

xīng qī wǔ
星期五
Friday

bǎ xià mian de zì xiě wán zhěng
1. 把下面的字写完整 (Complete the following characters below.)

古	国	条	名	叫
最	母	辛	着	

zhào lì zi xiě chū dài yǒu xià liè piān páng bù shǒu de zì
2. 照例子写出带有下列偏旁部首的字 (Write characters with the given radicals below after the model.)

lì
例：亻：们 他

口：叫 ____ ____　　艹：____ ____ ____

氵：江 ____ ____　　木：____ ____ ____

宀：官 ____ ____　　禾：____ ____ ____

囗：国 ____

dú yi dú zài zǔ cí yǔ

3. 读一读，再组词语 (Read and form phrases.)

{ 间______ 江______ } { 古______ 瓜______ } { 国______ 果______ }

{ 条______ 叫______ } { 最______ 对______ } { 华______ 画______ }

zhào lì zi zhǎo chū bù tóng lèi de cí bǎ tā xiě zài li

4. 照例子找出不同类的词，把它写在（ ）里 (Fill in each blank with the word which does not belong to its group after the model.)

lì

例：水果　小牛　牛奶　面包　（小牛）

(1) 母亲　哥哥　中国　姐姐　（　　）

(2) 名字　开心　热闹　古老　（　　）

(3) 长江　最长　小湖　黄河　（　　）

(4) 叫　写　听　树　（　　）

(5) 条　双　件　看　个　（　　）

dú kè wén tián kòng

5. 读课文，填空 (Fill in the blanks according to the text.)

______的中国有一______江。

它的______叫长江。

______的中国有______，

它的名字______黄河。

长江是中国______的江，

黄河是中国的______河。

它们______西流______东，

bǔ yù

哺育着中华大地。

图书在版编目（CIP）数据

中文·第二册练习册（A）/ 中国暨南大学华文学院编. —修订版. —广州：暨南大学出版社，2007.7
ISBN 978-7-81029-636-6

Ⅰ. 中…
Ⅱ. 中…
Ⅲ. 对外汉语教学
Ⅳ. H195

监　制：中华人民共和国国务院侨务办公室
（中国·北京）
监制人：刘泽彭
电话 / 传真：0086-10-68320122

编写：中国暨南大学华文学院
（中国·广州）
电话 / 传真：0086-20-87206866

出版 / 发行：暨南大学出版社
（中国·广州）
电话 / 传真：0086-20-85221583

印制：东港股份有限公司
1997 年 6 月第 1 版　2007 年 7 月第 2 版　2019 年 1 月第 30 次印刷
787mm × 1092mm　1/16　5.625 印张

zhào lì zi lián cí chéng jù

6. 照例子连词成句 (Put the given words in the correct order to make sentences after the model.)

lì

例：的 名字 方方 叫 我

我的名字叫方方。

(1) 的 它 叫 名字 长江

长江名字叫它。

(2) 流 黄河 西 从 到 东

黄河从西到东。

(3) 东 走 太阳 从 西 到

太阳从西到。

(4) 母亲河 是 黄河 中国的

黄河是中国的…。

bǎ kè wén bèi gěi bà ba mā ma tīng ràng tā men píng ping fēn

7. 把课文背给爸爸妈妈听，让他们评评分

(Recite the text to your parents and ask them to grade your performance.)

评 分	家长签名